열 세기 전에 일어나세요

권영기 지음

KB220979

프롤로그

　한 심리학자가 사람의 얼굴에 수많은 점을 찍고는 행복한 미소를 지을 때 움직이는 얼굴 근육을 관찰하여 행복한 표정을 찾아냈다고 합니다. 그리고 세 가지 선물을 주며 어떤 선물을 받았을 때 사람들의 얼굴에서 그 행복한 미소가 가장 많이 나오는지 살폈지요.

　첫째 선물은 양초, 둘째 선물은 인형, 셋째 선물은 꽃이었습니다. 가장 많은 행복의 표정은 꽃을 받은 사람들에게서 나타났다고 합니다. 세 가지 선물 중 양초와 인형은 사람이 만든 것이지만, 꽃은 하나님께서 창조하신 것이지요.

　꽃은 기뻐하는 사람에게도 선물할 수 있고, 슬픈 사람에게도 선물할 수 있습니다. 꽃은 모든 사람에게 선물할 수 있는 유일한 선물입니다.

하나님은 꽃처럼 살라고 하십니다.

　롬 12:15　즐거워하는 자들과 함께 즐거워하고 우는 자
들과 함께 울라

　이 책이 당신에게 꽃과 같은 선물이 되었으면 좋겠습니
다.

2022년 벚꽃 활짝 핀 날
권영기 목사

차 례

#인도하심과 감사

사명

\#

위

로

✸ 열 세기 전에 일어나세요

　오랜만에 본 그의 표정은 어둡고, 지쳐 있었습니다. 요즘 어떻게 지내는지 물었습니다. 그는 대답했습니다.

　"우리 어린 시절, 미술 시간에 붓을 씻기 위해서 가지고 다닌 자바라 형태의 물통이 있지요. 누르면 쪼그라들고, 당기면 늘어나는 그 물통. 내가 지금 그 쪼그라든 물통 같아요. 아무것도 담을 수 없을 만큼 쪼그라들어 있네요."

　자신을 물통에 비유한 이야기에 마음이 아팠습니다. 아무것도 담을 수 없는 쪼그라든 물통 같다는 표현이 얼마나 공감이 되었는지 모릅니다. 그 순간 불쑥 올라온 마음은 '어떻게 하면 저 쪼그라든 물통을 좀 펴 줄 수 있을까?'였습니다.

누구나 인생을 살며 쪼그라든 물통 같은 낙심을 겪을 때가 있습니다. 저도 오래전, 무언가에 지쳐 낙심하고 길을 걷고 있었습니다.

"왜 그리 어깨가 처져 있어요?"

마주 오던 지인이 저에게 물었습니다. 대답조차 귀찮아서, 별생각 없이 말했습니다.

"다운됐어요."

그랬더니 그는 제 등을 두드리며, "열 세기 전에 일어나세요."라고 말하고는 유유히 가던 길을 가는 겁니다.

"뭐야? 열 세기 전에 일어나라니…."

처음엔 무슨 말장난인가 싶었는데, 불현듯 정신이 번쩍 들었습니다.

"아! 방금 내가 다운됐다고 했지? 권투에서 다운되면 열 세기 전에 일어나면 되듯이 나보고도 다시 일어나 싸우라는 얘기구나!"

그 뜻이 깨달아지는 순간 이대로 다운되어 있으면 안 되겠다는 생각이 들었습니다. 다시 일어나야겠다는 마음이 생겼습니다. 바로 삼일 금식기도에 들어갔고, 주님께서는 다운되어 있던 저를 열 세기 전에 다시 일으켜 주셨습니다.

누구나 낙심할 수 있고, 누구나 쓰러질 때가 있습니다. 그때 일으켜 줄 분이 곁에 있다면 얼마나 큰 축복이겠습니까?

그는 넘어지나 아주 엎드러지지 아니함은

여호와께서 그의 손으로 붙드심이로다

☀ 그때, 그 사람

　교회에 낯선 한 청년이 찾아왔습니다. 오랫동안 씻지 못한 듯 보였습니다.

　"목사님, 저는 서울에서 교회 다니는 청년입니다. 강원도까지 걸어왔습니다. 발길 닿는 곳마다 교회를 찾아 '먹고 잘 수 있게 해 달라'고 부탁했습니다. 전부 거절당했습니다. 그런데 절은 제 부탁을 다 들어주더군요. 여기까지 오는 동안 숙식은 전부 절에서 해결하며 왔습니다. 저는 기독교인인데 오늘 밤에도 절을 찾아가야 하나요?"

　당시 목회하던 교회는 노숙자나 무전 여행하는 사람들이 유독 많이 찾아왔습니다. 그런 사람들을 위해 교회는 이미 준비를 해 두고 있었습니다. 나그네들을 위해 교회 옆에 있던 찜질방과 계약을 맺어 두었습니다. 교회가 비용을 내면 그분들은 찜질방에서 목욕과 숙식을 하도록 했습니다. 보석방, 황토방, 소금방 등 취향에 따라 골라서 잘 수 있는 뜨끈뜨끈한 방도 있으니, 교회에서 불편하게 자는 것보다 훨씬 더 편하게 쉴 수 있었습니다.

"우리 교회는 자네 같은 사람들을 얼마든지 먹이고 재워 준다네."

당당하게 말하고는 숙식은 찜질방에서 해결하고 기도하고 싶으면 교회에 와서 얼마든지 기도하라고 했습니다. 그렇게 그 청년은 교회에서 기도하고, 찜질방에서 숙식하면서 일주일 정도 머물다 갔습니다.

십 년쯤 지난 어느 날이었습니다. 서울에서 목회하는 지인으로부터 전화가 왔습니다.

"권 목사님! 혹시 핸드폰 바꿀 때 안 되었어요? 저희 교인이 핸드폰 대리점을 개업하는데, 제가 추천해 주는 목사님이나 선교사님들에게는 핸드폰을 무료로 바꿔 주고 싶다고 하니 이 기회에 바꾸세요."

감사한 마음으로 제 인적 사항을 적어서 보냈더니, 얼마 후 그 핸드폰 대리점 사장님에게서 직접 전화가 왔습니다. 그런데 목소리가 좀 다급합니다.

"권영기 목사님 맞으십니까?"
"네, 그런데요."
"목사님! 혹시 저 기억하십니까?"
"아니요, 전혀 모르겠는데요? 누구시지요?"
"십 년 전에 무일푼으로 목사님 찾아가서 재워 달라고 했던 아무개입니다. 왜 절에서는 재워 주는데 교회에서는 안 재워 주냐고 투덜거렸었는데 혹시 기억 안 나세요?"

그제야 기억이 났습니다.

"목사님, 제가 그때 사업에 실패하고 애인과 헤어져서, 무작정 도피하듯 길을 나섰습니다. 그런데 목사님께서 저를 품어 주셔서 잘 쉬고, 먹고, 기도하면서 다시 힘을 얻어 서울로 올라왔습니다. 핸드폰 대리점에 취직하고, 결혼해서 아이도 낳고, 최근에는 핸드폰 대리점도 개업하게 되었습니다. 목사님을 찾아뵙고 감사 인사드려야 한다는 생각이 늘 마음에 있었는데, 이렇게 연결이 되네요. 그땐 정말 감사했습니다."

그 이야기를 듣고 처음 든 생각은 '만일 그때 그 청년 그냥 돌려보냈으면 어쩔 뻔했나?'였습니다. 그리고 나서 드는 생각은 '야곱 같은 처지에 있던 청년이 하나님을 의지하니 하나님께서 다시 회복시켜 주시는구나.' 하는 것이었습니다.

시 54:4

하나님은 나를 돕는 이시며 주께서는
내 생명을 붙들어 주시는 이시니이다

☀ 천사는 멀리 있지 않습니다

29살에 개척교회 담임 전도사로 목회를 시작했습니다. 하지만 일찍 시작한 목회가 자랑할 일만은 아니라는 것을 사실 쉽게 알 수 있습니다. 아기가 태어나서 첫 돌이 되어서야 걸음마를 할 수 있는 것은 충분히 일어서도 될 만큼 발목에 힘이 필요하기 때문입니다. 그래야 걸음마를 하다가 넘어져도 이상 없이 다시 일어날 수 있습니다. 돌도 되기 전에 일찍 걷게 되면 오히려 약한 발목에 무리가 될 수 있습니다.

저도 마찬가지였습니다. 준비도 되지 못한 상태에서 너무 일찍 담임 목회를 시작한 것입니다. 하나님의 은혜로 교회는 기적처럼 부흥해 갔지만, 결국 3년도 안 되어 탈진이 왔습니다. 교인이 늘어나면서 예상치 못한 문제들도 생겨났지

열 세기 전에 일어나세요

만, 그 스트레스를 감당할 준비가 전혀 되지 않았던 것입니다. 로뎀나무 아래 엘리야 같은 심정이었고, 작은 문제가 생기면 그 사실만으로도 패배감에 사로잡혔습니다.

그때 하나님께서 저에게 천사를 보내 주셨습니다. 어느 날 이유 없이 찾아오신 저의 학생 시절 목사님께서 "먹고 자라." 한마디 하시고는 가 버리셨습니다. 그날부터 먹고 자기만 하며 한 달을 지냈습니다. 공 예배 인도를 제외하고는 먹고 잠만 잤습니다. 어떻게 그리도 잠이 오는지 한 달 간의 기억이 없을 정도입니다.

그렇게 지내는 동안, 교회를 지키며 새벽기도회를 인도하는 일을 제 아내가 대신했습니다. 저를 보듬어 주고, 먹이고, 재우고, 저의 목회 자리를 어린 두 아기를 업은 채 한 달을 대신 지켜 주었습니다. 그렇게 한 달 만에 회복되어 저는 목회할 수 있었습니다. 제 아내에게 너무 미안해서 처음 꺼내 보는 이야기입니다.

천사는 멀리 있지 않습니다.

히 1:14

모든 천사들은 섬기는 영으로서 구원 받을
상속자들을 위하여 섬기라고 보내심이 아니냐

☀ 아는 마음

　제 목회의 시작은 미자립교회였습니다. 끼니도 걱정할 정도였습니다. 개척교회 목사라도 정장은 입고 강단에 서야 하기에 어렵게 정장 한 벌을 마련했습니다. 장례식에도 가야 하니, 검정으로 골랐습니다. 새 정장을 입고 주일 예배를 다 마치고 교회를 둘러보는데 화장실이 너무 지저분했습니다. 깨끗하게 청소하겠다고 화장실에 락스도 뿌리고, 솔로 문지르고, 물을 뿌려가며 열심히 청소했습니다.

　마치고 나니, 뭔가 이상했습니다. 검은 정장이 얼룩덜룩한 정장으로 변해 있는 것입니다. 왜 그런지 몰랐습니다. 제 모습을 본 아내의 얼굴이 사색이 되었습니다. 락스가 옷에 튀면 탈색이 되는 줄 몰랐습니다. 새로 산 정장을 한 번 입고 못 입게 되었습니다. 교회 화장실 청소를 하다가 그렇

　　　　　　　열 세기 전에 일어나세요

게 되었으니 아내도 말을 못 하고, 저도 말을 못 하고….

혹시 지금도 남모를 눈물을 삼키며 목회와 선교의 현장을 지키는 사역자들이 있을지 떠올려 봅니다. 그 마음 알기에 그분들을 만나면 새 정장 한 벌 입혀 드리고 싶습니다.

그러므로 내 사랑하는 형제들아
견실하며 흔들리지 말고
항상 주의 일에 더욱 힘쓰는 자들이 되라
이는 너희 수고가 주 안에서
헛되지 않은 줄 앎이라

✳ 럭키 메이커

　서울에서 전도사 사역을 할 때, 한 장로님이 계셨습니다. '장로님이 그런 직장을?' 하고 한 번쯤 고개를 갸웃거릴 만한 직장에 다니고 계셨습니다. 이분은 맥주회사 사장님이 었습니다. 저를 참 좋아해 주셨는데, 한번은 제게 이런 이야기를 하셨습니다.

　"전도사님! 저는 월요일 아침에 직원 조회를 하면 항상 좋은 말을 해 주어야 한다는 부담감이 있습니다. 그때마다 이야깃거리를 전도사님의 설교 중에서 얻어서 말하곤 합니다. 지난번 전도사님의 설교를 듣고 크게 감동해서 회사에서 실천했더니 분위기가 달라졌습니다.

　전도사님께서 한번은 식당에서 식사하고 커피자판기에서 커피를 뽑으려고 동전을 넣으려고 하는데 이미 동전이

100원 들어 있었다고 했잖아요. 그래서 '이런 행운이 있나?' 하면서 기분 좋게 커피를 뽑아 마시고는, 어차피 100원 넣고 먹으려고 했던 것 나도 내 뒤에 오는 사람 기분 좋게 공짜로 먹는 행운을 주자는 생각에 100원을 넣어 놓고 오셨다고 하셨잖아요. 그래서 저도 회사 커피자판기에 100원을 넣어 놓고 제일 먼저 커피를 뽑는 직원에게 기분 좋은 행운을 주자고 결심했습니다.

조회 때 그 이야기를 했더니 모든 직원이 커피를 뽑아 먹고는 100원을 다시 넣어 놓고 나오니 모든 직원이 공짜로 먹어서 행운을 누리고, 다음 사람에게도 행운을 주는 럭키 메이커가 되어 버렸습니다. 100원 넣고 커피 마시는 건 마찬가지인데 순서만 바꾸었더니, 나도 기분 좋고, 뒷사람에게도 기분 좋은 일을 만들어 주는 셈이 된 것이지요."

사람은 입의 열매로 말미암아
복록에 족하며
그 손이 행하는 대로
자기가 받느니라

✻ 가시나무와 장미꽃

천사가 하나님께 보고했다고 합니다.

"하나님! 꽃 중에 장미꽃이 불평이 가장 많습니다."

하나님께서 장미꽃에게 나타나셨습니다. 장미꽃은 하나님께도 불평했습니다.

"하나님! 왜 저는 다른 꽃에는 없는 가시가 있나요? 왜 제게 가시를 주셨죠?"

그러자, 하나님께서 말씀하셨습니다.

"너는 원래 가시나무였단다. 아무도 너에게 다가가지 않기에 내가 네 가지 끝에 가장 아름다운 꽃을 달아 주었지."

그날부터 장미꽃은 불평을 멈추고 감사하는 삶을 살았다고 합니다.

본래 유대인들의 히브리어 성경에는 띄어쓰기가 없습니다. 그래서 한 문장으로 다양한 해석을 할 수 있습니다. 예를 들면, "오늘밤나무사러간다."라는 문장은 다음과 같이 다양하게 해석할 수 있습니다.

- 오늘 밤나무 사러간다.
- 오늘밤 나무 사러간다.
- 오늘밤 나 무 사러간다.

어떤 해석이 올바른 해석인지를 유대인들은 어려서부터 끊임없이 공부하고 토론하게 합니다. 그 이유는 해석하는 능력을 키워 주기 위해서입니다. 그것이 지혜이기 때문입니다.

장미꽃은 꽃에 가시가 달린 것으로 생각했지만, 하나님께서는 가시나무에 꽃을 달아 주었다고 말씀하셨습니다. 똑같은 장미꽃을 보고도 이렇게 해석이 달라질 수 있습니다.

해석이 바뀌면 삶도 바뀝니다.

열 세기 전에 일어나세요

떡 굽는 관원장이
그 해석이 좋은 것을 보고
요셉에게 이르되……

☀ 치유적 해석 능력

시험을 치러야 합격하고 통과하는 일들이 많이 있습니다. 그런데 만약 시험지를 받았는데 문제가 하나도 없는 백지라면 어떻겠습니까? 백지 시험지를 좋아할 사람이 있을까요? 문제가 있는 시험지로 다시 바꿔 달라고 하지 않겠습니까? 문제는 있는 것이 정상입니다. 문제가 없는 시험지로 시험을 보는 사람은 한 사람도 없습니다.

어려움과 고난, 문제 같은 걸 지니지 않고 사는 사람은 하나도 없습니다. 다만, 그 문제를 어떻게 푸느냐가 다를 뿐입니다. 문제가 있다는 것을 이상하게 여기지 말고, 그 문제를 어떻게 풀 것인지에 초점을 맞추어 훈련하고 준비해야 합니다.

열 세기 전에 일어나세요

벧전 4:12-13 사랑하는 자들아 너희를 연단하려고 오는 불 시험을 이상한 일 당하는 것 같이 이상히 여기지 말고 오히려 너희가 그리스도의 고난에 참여하는 것으로 즐거워하라 이는 그의 영광을 나타내실 때에 너희로 즐거워하고 기뻐하게 하려 함이라

저는 그 문제를 푸는 방법을 '치유적 해석 능력'이라고 말씀드리고 싶습니다.

"내가 겪은 일들이 좋은 일이든 나쁜 일이든, 성공한 일이든 실패한 일이든 하나님께서는 이 모든 일을 합력하여 반드시 선으로 바꾸신다."

이러한 해석이 바로 '치유적 해석 능력'입니다. 요셉이 자기를 판 형들을 만났을 때 했던 말을 한번 생각해 보세요.

창 50:20 당신들은 나를 해하려 하였으나 하나님은 그것을 선으로 바꾸사 오늘과 같이 많은 백성의 생명을 구원하게 하시려 하셨나니

이렇게 해석한 것이 치유적 해석 능력입니다. 요셉이 만일 자신이 겪은 고난을 이렇게 해석하지 않았다면, 화병으로 먼저 죽었거나 다시 만난 형들에게 보복했을지 모릅니다.

문제를 풀 때는 '공식에 대입'하면 쉽게 풀리는 것처럼, 자신이 겪는 어려움은 '치유적 해석'의 공식에 대입해야 합니다. 그렇게 대입할 줄 아는 능력이 '치유적 해석 능력'입니다.

한번은 교회 강단에 있는 화분대 위에 크고 무거운 화분을 올려야 하는 일이 있었습니다. 그런데 올리기 전에 제가 먼저 화분대를 흔들어 보게 되더군요. 그 후에야 비로소 화분을 올려놓았습니다.

제가 화분대를 왜 흔들었을까요? 얼마나 튼튼한지를 그리고 무거운 화분을 올려도 무너지지 않고 버틸 수 있을지를 알아야 하니까 흔들어 봤던 거지요. 화분의 무게를 견딜 수 있는지를 흔들어서 시험해 보고 견딜 수 있겠다 싶으면 화분을 올리는 겁니다.

우리가 시련에 흔들리는 이유가 거기에 있습니다. 과연 그 위에 올릴 만한지, 맡길 만한지, 무너지지 않을지, 버틸 수 있을지, 보기에 좋은지 흔들어 보는 중인 겁니다.

그러므로 흔들리면 해석하십시오.

'하나님께서 내게 뭔가를 올리기 위해서 흔드시는구나! 이 흔들림을 견디고 이겨 내야 그만한 무게의 사명을 감당할 수 있겠구나!'라고 말입니다.

인생은 태도

영어에 Artitude라는 단어와 Attitude라는 단어가 있습니다. 음도 비슷하고, 스펠링도 하나 차이입니다. Artitude는 '기술'이라는 뜻이고, Attitude는 '태도'라는 뜻입니다.

"Life is not artitude, but attitude."라는 말이 있습니다. 인생은 기술에 달린 것이 아니라, 태도에 달린 것이라는 뜻입니다. 인생은 기술대로 되지 않고, 태도대로 됩니다.

열 세기 전에 일어나세요

욥 36:24

그대는 하나님께서 하신 일을

기억하고 높이라 잊지 말지니라

인생이 그의 일을 찬송하였느니라

인도하심과 감사

 매일 발걸음마다

한번은 선배 목사님과 둘이 늦은 밤 산길을 운전하고 있었습니다. 그 선배 목사님은 제게 말했습니다.

"차가 비추는 빛은 불과 몇 미터 앞밖에 안 되지만, 우리는 이 빛으로 어두운 길을 끝까지 간단 말이지. 하나님께서 우리를 인도하시는 것도 이와 같아. 불과 몇 미터 앞밖에는 안 비춰 주시는 것 같은데 그만큼 가면 또다시 그만큼 비춰 주시거든."

그 이야기가 제 가슴에 남았습니다.
우리는 매일의 기도가 필요하고, 매일의 말씀이 필요합니다. 매일매일 인도하시는 하나님의 빛에 우리는 인생 끝까지 인도받으며 나아갈 수 있습니다.

열 세기 전에 일어나세요

내 인생 여정 끝내어 강 건너 언덕 이를 때

하늘 문 향해 말하리 예수 인도하셨네.

매일 발걸음마다 예수 인도하셨네.

나의 무거운 짐을 모두 벗고 하는 말 예수 인도하셨네.

– John W. Peterson
⟨Someday life's journey will be over⟩

🌼 내가 다 알아서 해

　아들이 고등학교 1학년 때, 전남 무안에서 운동 경기가 있었습니다. 동해안 제일 북쪽인 속초에서 서해안 제일 남쪽인 무안까지 며칠 동안 아들을 데리고 다닐 형편이 안되었습니다. 뻔히 사정을 알고 있는 아들은 자기가 혼자 다녀오겠다는 겁니다. 아무리 그래도 낯선 곳에 17살짜리를 혼자가서 모텔에 묵게 할 수는 없는 노릇이었습니다. 고민 끝에 혹시 그 지역에서 목회하는 목사님께 연락드려 교인 중에 숙박업을 하는 분이 있다면 소개를 받을 수 있을까 싶어서, 그 지역에 안면도 없는 목사님에게 전화를 걸었습니다.

　"목사님! 안녕하세요. 저는 속초교회 담임하는 권영기 목사라고 합니다. 제 아들이 이번에 무안으로 운동 경기에 가게 되어서 혹시 도움을 좀 받을 수 있을까 싶어서 전화를 드렸습니다."

그 목사님은 혹여 물질 후원 요청으로 생각을 하신 모양인지 어떤 오해가 있었는지는 모르겠지만, 수화기 너머로 들리는 목소리는 너무나 냉정했습니다. 마음이 상해 '전화 드려서 죄송하다'고 서둘러 끊었습니다. 딱히 해결할 방법은 떠오르지도 않고, 복잡하고 힘든 마음을 안고 하나님께 탄식기도를 드렸어요.

"하나님! 저 너무 힘듭니다. 아이 운동 뒷바라지를 하는 것도 힘들고, 제대로 해 주지도 못하는 것도 힘들고, 고생하는 애를 봐도 힘듭니다. 주님, 도와주세요….."

한참을 기도하는데 한 사람이 떠올랐습니다. 목포에 사는 친구가 생각이 난 겁니다. '혹시 하나님께서 그 친구를 통해서 그 지역에 사는 목사님을 연결해 주시려는 걸까?' 옅은 기대감을 안고, 친구에게 전화를 걸었습니다. 사정을 이야기했더니 아들을 목포로 보내라는 겁니다. 시합이 있는 곳은 무안이어서 목포에서 무안으로 다니기는 어렵다고 하니, 그 친구는 호탕하게 이야기했습니다.

"거참, 말 많네. 여러 말 말고, 그냥 버스 태워서 목포로 보내!"

어쩔 수 없이 친구 말대로 버스표를 목포로 끊어서 아이를 보냈습니다.

며칠 후 아들은 돌아왔습니다. 그동안의 일들을 자세히 들려주었습니다. 친구는 목포 터미널까지 마중 나와 자기 집으로 데려가서는 밥을 먹이고, 자기 아들 방에서 재우고, 시합장에 데려가서 온종일 응원하고, 시합 끝나면 다시 자기 집에서 먹이고, 재웠다고 합니다. 게다가 떠나는 날 목포 터미널에서 용돈까지 쥐여 줬다는 겁니다. 친구에게 처음 전화했을 때, 저는 생각이 많고 말이 복잡했습니다. '이렇게 돼서 저렇게 해야 하는데, 이거는 이래서 안 되고 저거는 저래서 안 되고…' 그런 제게 그 친구는 한마디만 합니다.

"거참, 말 많네. 여러 말 말고 그냥 보내!"

가만히 묵상해 보면 우리도 하나님께 이와 같다는 생각이 듭니다. 우리는 이래서 안 되고 저래서 안 되고 복잡한데 하나님은 말씀하십니다.

"거참, 말 많네. 그냥 믿고 순종해!"

예수께서 그 하는 말을
곁에서 들으시고
회당장에게 이르시되
두려워하지 말고
믿기만 하라 하시고

☀ 나중 된 자

이분들은 65세가 되기까지 전혀 예수님을 알지 못했습니다. 미국에 사는 딸은 독실한 기독교 가정을 이루고 있었고요. 몇 해 전, 딸 집에 갔더니 사위가 이렇게 말하더랍니다.

"장인, 장모님은 한국에 계시고, 저희는 미국에 있어서 자주 볼 수가 없어 너무 마음이 아픕니다. 이 세상에서 자주 못 보는 것도 마음 아픈데, 두 분이 돌아가시면 우리와 다른 곳으로 가실 텐데…. 그러면 영영 못 보게 되니 얼마나 마음 아픈 일이겠습니까? 이 세상에서는 자주 못 뵈어도 나중에 천국에서는 함께 살아야 하지 않겠습니까? 예수님 믿으세요."

그 말을 듣고 한국에 돌아왔는데 계속 사위의 말이 마음

열 세기 전에 일어나세요

에 남더랍니다. 두 부부는 결심하고 누구의 전도도 받지 않았는데, 우리 교회에 함께 나오셨답니다. 무엇 하나 익숙한 것이 없고 다 낯설기만 했다고 합니다.

그분들은 늦게 믿었으니 다른 사람들보다 더 열심히 공부해서 알아 가야겠다고 결심했습니다. 예배에 참석하여 들은 설교를 다시 들으며 일일이 타이핑하고 공부를 했습니다. 지금도 제가 한 모든 설교를 타이핑하고 제본까지 해서 주십니다.

"늦게 믿었으니 다른 사람 따라가려면 더 열심히 해야지요."

눅 13:30

보라 나중 된 자로서
먼저 될 자도 있고
먼저 된 자로서
나중 될 자도 있느니라
하시더라

❋ 그냥 내 집으로 가자!

서울 사랑의 교회에서 교육전도사로 사역을 할 때입니다. 어느 주일 낮 예배 때 故 옥한흠 목사님께서 에녹에 대한 말씀으로 설교를 하셨던 기억이 납니다.

『그날도 하나님과 에녹은 산책을 하고 있었습니다. 대화가 어찌나 재미있는지 해가 지는 줄도 모르고 걸었습니다. 해가 질 무렵 에녹이 말했습니다.

"하나님, 어쩌지요. 하나님과 걷다 보니 저희 집에서 너무 멀리 왔네요."

그러자 하나님께서 말씀하셨습니다.

"그러게 말이다. 너무 재미있게 걷다 보니 너희 집에서 너무 멀리 왔구나. 그냥 내 집으로 가자!"』

그래서 승천하게 되었다는 겁니다. 저는 그 이야기가 얼마나 감동적이던지요.

창 5:24 에녹이 하나님과 동행하더니 하나님이 그를 데려가시므로 세상에 있지 아니하였더라

'이 구절에 이렇게 아름다운 뜻이 있었구나!' 참 마음에 깊은 여운이 남았던 말씀이었습니다.

생각해 보세요. 이 얼마나 아름다운 삶입니까? '하나님과 동행하는 삶'이야말로 우리가 이 세상에서 살 수 있는 가장 아름다운 삶임을 깨닫는 오늘입니다.

에녹이 하나님과 동행하더니
하나님이 그를 데려가시므로
세상에 있지 아니하였더라

✳ 은혜와 감사

"은혜로 받은 사람은 감사하게 되지만, 쟁취한 사람은 감사하지 않습니다."

어디선가 들어 봄 직한 명언 같지 않나요? 사실 이 말을 한 사람은 저의 첫 목회 당시 교인입니다. 그는 직장에서 노조위원장이었습니다. 그분 덕분에 기도를 참 많이 했었습니다. 그분은 임금 협상만 있으면 삭발부터 합니다. 노동 집회를 하다가도 주일이면 빡빡 민 머리로 예배드리러 옵니다.

어떤 때는 경찰에 수배를 당하고 한 달씩 잠적하기도 했습니다. 부인은 날마다 교회에서 눈물로 지새웁니다. 같은 교회 안에 반대편 임원도 있었습니다. 두 사람이 만나면 분위기가 서먹합니다. 그러니 기도를 많이 할 수밖에 없었지요. 모든 어려운 일들이 다 지나가고, 노조위원장도 마친 후에 함께 식사하는 자리를 가졌습니다.

"목사님! 그동안 심려를 많이 끼쳐 죄송합니다. 또한, 기도해 주셔서 감사합니다. 제가 노조위원장을 하면서 새삼 교회와 노조를 비교하여 느낀 것이 있습니다. 교회는 다 하나님께 은혜로 받은 줄 아는 사람들이 모이기에 감사가 있는데, 노조는 싸워서 쟁취하여 얻은 것인 줄 아는 사람만 있기에 감사가 없습니다. 머리 밀고 도망 다니면서 쟁취했는데 누구도 제게 고마워하는 사람은 없고, 당연히 받아야 할 몫인데 덜 받아 냈다고 불평합니다."

감사는 누가 할 수 있을까요? 하나님께서 주신 것을 아는 사람만이 감사할 수 있습니다.

시 52:9

주께서 이를 행하셨으므로
내가 영원히 주께 감사하고
주의 이름이 선하시므로
주의 성도 앞에서 내가
주의 이름을 사모하리이다

✻ 감사의 힘

퀴즈를 하나 내 볼게요.

"이것은 영국의 스털링대학 연구진이 연구한 결과입니다. 이것을 하는 사람은 그렇지 않은 사람에 비하여 면역력이 평균 1.4배나 높게 나왔습니다. 이것을 하는 사람은 그렇지 않은 사람에 비해 심장병 발병 확률이 3분의 1로 낮은 것으로 밝혀졌습니다. 또 워릭대 연구팀의 연구 결과입니다. 이것을 하는 사람은 그렇지 못한 사람에 비하여 40% 이상 숙면을 취하는 것으로 나타났습니다. 이것을 하는 사람은 그렇지 않은 사람에 비하여 우울증 증세가 절반이나 낮게 나왔습니다. 이것은 무엇일까요?"

바로, 감사입니다. 이 연구 결과를 통해서 생겨난 말이 있습니다. '감사의 힘'입니다. 감사에는 놀라운 힘이 있습니다.

살전 5:18

범사에 감사하라
이것이 그리스도 예수 안에서
너희를 향하신
하나님의 뜻이니라

✹ 다 감사할 이유가 있습니다

고등학교 때 담임 선생님의 이야기입니다.

사춘기 시절에 외모 콤플렉스가 있었는데, 심한 시옷 자 눈썹이라서 얼굴을 들고 다니지 못했다고 합니다. 기도할 때마다 하나님은 왜 내 눈썹을 이리 못생기게 만드셨냐고 원망을 했답니다. 어느 날, 거울에 보이는 눈썹이 보기 싫어서 다 밀어 버렸답니다. 홧김에 밀어 버리긴 했지만, 얼굴이 이상하잖아요. 얼마나 후회했는지 모른답니다. 어떻게 합니까? 자랄 때까지 기다리는 수밖에 없지요.

선생님은 일본식 교복을 입던 세대였습니다. 한여름에 교복 모자를 쓰고 있으면 머리에서 땀이 줄줄 흘러내리는데, 눈썹이 없으니 그 땀이 다 눈으로 들어오는 겁니다. 그제야 알았답니다. 자기 눈썹이 왜 시옷 자인지를요. 하나님께서 땀이 눈으로 들어가지 말라고 우산을 만들어 주신 건데 그것도 모르고 자기 눈썹 못생겼다고 그렇게 하나님을 원망했던 것을 회개했다고 합니다.

찾아보면 다 감사할 이유가 있습니다.

시 139:14

내가 주께 감사하옴은
나를 지으심이 심히 기묘하심이라
주께서 하시는 일이 기이함을
내 영혼이 잘 아나이다

✺ 감사로 말미암아

눅 17:17-19 예수께서 대답하여 이르시되 열 사람이 다 깨끗함을 받지 아니하였느냐 그 아홉은 어디 있느냐 이 이방인 외에는 하나님께 영광을 돌리러 돌아온 자가 없느냐 하시고 그에게 이르시되 일어나 가라 네 믿음이 너를 구원하였느니라 하시더라

예수님께서는 열 명의 나병 환자를 고쳐 주셨습니다. 그러나 예수님께 돌아와 감사한 사람은 단 한 명뿐이었습니다. 아홉은 빨리 제사장에게 나은 몸을 보이고 가족들에게 돌아가고자 하는 마음뿐이었습니다. 그 아홉 사람에게는 은혜를 베풀어 주신 예수님을 생각하는 마음이 없었습니다.

열 세기 전에 일어나세요

예수님께서 "그 아홉은 어디 있느냐?"라고 물으셨습니다. 그 아홉이란 무슨 뜻일까요? '나병에서 나은 사람 아홉'도 맞지만, 더 정확한 뜻은 '예수님께로부터 치유받은 아홉'입니다. '감사를 잃어버린 아홉'입니다.

이 말씀을 묵상하는 중에 질문이 생겼습니다. 성경 옆에 그대로 빨간 볼펜으로 적었습니다. '내가 잃어버린 아홉의 감사는 무엇인가?' 그리고 기도했습니다.

"주님 제가 그동안 주님께 받은 수많은 은혜가 있습니다. 그러나 그 은혜를 감사하지 않고 잃어버린 것이 무엇이 있습니까? 생각나게 하여 주시옵소서."

그렇게 기도하고 있는데 한가지 기억이 떠올랐습니다.

대학에 합격했을 때의 일입니다. 합격한 것까지는 좋았는데 학비가 문제였습니다. 어머니께서 애써 마련해 주셔서 입학은 할 수 있었지만, 입학금만 낸다고 학교에 다닐 수 있는 건 아니지 않습니까? 부수적으로 학비와 생활비가 필요하지요.

그때 교회 같은 구역 식구 중에 초신자 신혼부부였던 성도님이 있었습니다. 어느 날 저녁, 그분들이 저희 집 앞에 찾아왔습니다. 어머니께서 나가시더니 잠시 후, 하얀 봉투 하나를 들고 들어오셔서 건네주셨습니다.

"그분들이 학비에 보태라고 돈을 가져오셨구나."

봉투 안에는 10만 원이 들어 있었습니다. 당시 등록금이 60만 원 정도였으니, 10만 원이면 큰돈입니다. 그분들은 작은 시계방을 운영하시던 터라 형편도 빠듯하셨을 텐데 말입니다.

"내일 날 밝거든 가게에 찾아가서 감사 인사를 하거라."

어머니께선 당부하셨습니다. 그런데 제가 20살 무렵엔 좀 부끄러움이 많았나 봅니다. 차마 인사를 못 하겠는 겁니다. 그분들의 가게 근처까지 갔다가 돌아오기를 몇 번이나 되풀이하다 그만 시간이 흘러 시기를 놓치고 끝내 감사 인사를 못 하고 말았습니다.

열 세기 전에 일어나세요

그때 일이 떠올라 어머니께 전화를 드려 그 부부의 연락처를 받고 전화를 걸었습니다.

"안녕하세요. 저, 기억하실지 모르겠는데 구파발에서 동북교회 다녔던 권영기입니다."

그랬더니 그분이 저를 기억하시더라고요. 안부를 묻고는 사연을 이야기했습니다.

"대학에 합격했을 때 저에게 학비에 보태라고 돈을 주셨는데, 그때는 그만 부끄러움이 많아 인사를 못 드리고 이렇게 세월이 흘렀습니다. 성령께서 감사 인사를 하라는 감동을 주셔서 오늘 이렇게 인사를 드립니다. 덕분에 목사가 되어 목회하고 있습니다."

얼마나 감동을 하시는지요.

"까맣게 잊고 있었던 일이고, 별거 아닌데요. 목사님이 되셨다는 소식은 이미 들어서 알고 있습니다. 오래 지난 일을 이렇게 인사하시니 도리어 제가 영광입니다."

그 사이에 남편분은 안수집사님, 부인은 권사님이 되셨더라고요. 그렇게 인사를 마치고, 택배로 선물도 보내 드렸지요. 그리고 얼마 후에 교회에 어떤 분이 새 가족으로 등록을 하였습니다.

"우리 교회를 어떻게 알고 찾아오시게 되셨나요?"라고 물으니 서울에 사는 친구 부부가 꼭 교회 나가라고 하도 권해서 왔다는 겁니다. 그 친구 부부가 바로 제게 학비를 보태 주신 부부였습니다. 제 전화를 받고는 저와 같은 동네에 사는 친구가 생각난 겁니다.

"꼭 권영기 목사님이 목회하는 교회로 나가라고 하도 성화를 하여 나오게 되었습니다."

그 부부에게 감사의 인사를 했더니, 그 부부가 귀한 한 영혼을 교회로 보내 준 겁니다. 감사는 이렇게 또 다른 감사를 낳습니다.

열 세기 전에 일어나세요

고후 4:15

이는 모든 것이 너희를 위함이니
많은 사람의 감사로 말미암아
은혜가 더하여 넘쳐서
하나님께 영광을 돌리게 하려 함이라

\#

은

혜

☀ 이해할 수 없어도

영어에는 '놀랍다'라는 뜻을 가진 두 단어가 있습니다. 하나는 Surprise이고, 또 하나는 Amazing입니다. 그런데 이두 단어가 쓰임이 서로 다릅니다. Surprise는 Surp(덮치다)라는 말과 Rise(일어서다)라는 말이 합쳐진 말입니다. 서 있는 사람을 갑자기 덮쳐서 놀라게 한다는 것을 의미합니다. 깜짝 놀랐을 때 "Surprise!"라고 하지요.

Amazing은 Maze(미로, 종잡을 수 없이 복잡한)라는 말에서 왔습니다. '이해할 수 없는 놀라움'이라는 것이지요. 은혜를 '서프라이즈 그레이스(Surprise Grace)'라고 하지 않고, '어메이징 그레이스(Amazing Grace)'라고 합니다.

우리가 이해할 수 없어도 하나님은 살아 계시며, 은혜를 베풀어 주십니다.

고후 9:15

말할 수 없는 그의 은사로 말미암아

하나님께 감사하노라

🌼 기쁨을 이기지 못하시며

습 3:17 너의 하나님 여호와가 너의 가운데에 계시니 그는 구원을 베푸실 전능자이시라 그가 너로 말미암아 기쁨을 이기지 못하시며 너를 잠잠히 사랑하시며 너로 말미암아 즐거이 부르며 기뻐하시리라 하리라

첫 목회지에서의 어느 무더운 여름날이었습니다. 에어컨도 없는 컨테이너 목양실에서 선풍기 바람 의지하여 주일설교 준비를 하다가 그만 더위를 먹었습니다. 힘이 빠지고, 어지러워 누우려고 사택으로 들어왔습니다.

목양실과 똑같이 컨테이너였던 사택에는 아내가 어린 아들딸 더위 먹지 않게 하려고 연신 물로 씻기며 땀을 뻘뻘 흘리고 있었습니다. 그 모습을 본 순간 규모 있는 교회에서 부

열 세기 전에 일어나세요

교역자로 편하게 생활하다가 개척교회 목회를 하겠다고 호기롭게 왔는데, 아무것도 할 수 없는 무기력한 그 상황에 어찌나 낙심을 했는지요. 서러운 마음으로 힘없이 누워 있는데 틀어놓은 라디오에서 찬송이 흘러나왔습니다.

"너의 하나님 여호와가 너의 가운데 계시니~~"

찬송을 듣는데, 가사 중 어느 한 구절이 귀에 꽂혔습니다.

"그가 너로 인하여 기쁨을 이기지 못하시며~"

전능하신 하나님이 이기지 못하는 것이 있으시다는 겁니다. 그건 바로 나로 인하여 기쁨을 이기지 못하신다는 겁니다. 나는 지금 내 상황의 무게를 이기지 못하고 무기력하게 누워 있는데, 하나님께서는 나로 인해 기쁨을 이기지 못하신다는 가사가 선뜻 이해가 되지 않았습니다.

그때 10개월 된 딸아이가 내게 기어와 얼굴로 올라오는 것입니다. 더위 먹고 누워 있는 와중에도 그 순간 얼마나 기쁘던지요. 딸아이를 내 몸 위로 올려 안았는데, 그만 저도 모르게 눈물이 흘렀습니다.

나로 인하여 기쁨을 이기지 못하시며, 나를 잠잠히 사랑하시며, 나로 말미암아 즐거이 부르며 기뻐하신다는 뜻이 딸을 통해서 이해가 된 것입니다.

하나님에게 우리는 '딸'이었던 것입니다.

습 3:14 시온의 딸아 노래할지어다 이스라엘아 기쁘게 부를지어다 예루살렘 딸아 전심으로 기뻐하며 즐거워할지어다

순간 하나님께서 나와 교회를 위해서 절대 가만히 계시지 않으실 것이라는 믿음이 솟아났습니다. 그리고 놀랍게도 어지러움이 사라지고 다시 힘이 생겨났습니다. 그 힘으로 다시 설교 준비를 마칠 수 있었습니다.

주께 힘을 얻고 그 마음에

시온의 대로가 있는 자는 복이 있나이다

🌟 하나님의 작품

고등학교 때 학교에서 미술관에 전시회를 보러 간 적이 있습니다. 아무리 봐도 무슨 의미인지 알 수 없는 그림이 대부분이었습니다. 그러던 중 한 그림을 보고 큰 감명을 받았습니다. 동그라미로만 가득 채워진 그림이었습니다. 게다가 작품명이 무척 인상적이었습니다.

〈왼손으로 그린 동그라미〉

화가가 오른손잡이인데 왼손으로 그렸다는 겁니다. 그러니 그 안에 그려진 동그라미들이 다 삐뚤빼뚤 제각각이었습니다. 모든 사람은 왼손으로 그린 동그라미와 같다는 메시지를 담고 있었습니다. 하나님께서는 단 한 사람도 똑같이 만들지 않으셨습니다. 각자가 독특하고 독보적인 하나님의 작품으로 만드셨습니다.

　우리 교회에는 화가인 분이 있습니다. 주로 바닷가나 강가의 돌들을 많이 그리십니다. 그분이 그린 돌을 보면 같은 돌이 하나도 없습니다. 그분의 작품을 보면서도 같은 생각이 들었습니다. 우리도 이 돌들처럼 모두 다 다른, 독특하고 독보적인 존재라는 사실을 말입니다.

　'우리는 그가 만드신 바라.' 헬라어로 '포이에마'입니다. 포이에마는 '작품'이라는 뜻입니다. 똑같은 것이 또 존재할 수 없는, 오직 하나뿐인 것입니다. 이처럼 우리는 하나님께서 손수 빚어 만드신, 이 세상에 하나밖에 없는 예술 작품임을 잊지 마세요.

엡 2:10

우리는 그가 만드신 바라 그리스도 예수 안에서
선한 일을 위하여 지으심을 받은 자니
이 일은 하나님이 전에 예비하사
우리로 그 가운데서 행하게 하려 하심이니라

❋ 잊지 않고 있습니까?

한 노부부가 있었습니다. 평생을 금실이 좋은 부부로 사랑하며 살아왔는데 그만, 아내에게 치매가 왔습니다. 점점 심해지더니 남편도 알아보지 못하게 되었습니다. 남편은 요양병원에 입원해 있는 아내에게 매일 찾아가 좋아하는 아이스크림을 사다 주었습니다. 아내는 남편을 아이스크림 사다 주는 아저씨로 생각했습니다.

남편은 하나님께 기도했습니다.

"하나님, 아내가 세상을 떠나기 전에 저를 남편으로 기억하고 갈 수 있도록 해 주세요. 제 마지막 소원입니다."

매일 그렇게 기도했습니다.

열 세기 전에 일어나세요

그러던 어느 날 하나님께서 남편에게 지혜를 주셨습니다. 남편은 병원으로 찾아가 아내에게 결혼해 달라며 프러포즈를 했습니다. 아내는 처음에는 싫다고 했습니다. 그러자 남편이 "아이스크림 사 줄 테니까 결혼하자!"라고 하니, 그제야 아내는 청혼을 받아들였습니다.

병원에서 리마인드 웨딩을 올렸습니다. 아내에게 "내가 오늘부터 당신 남편이야."라고 하니까 아내가 '남편'이라고 하더랍니다. 그리고 얼마 후 아내는 남편 곁에서 숨을 거두었습니다. 남편은 비록 아내가 곁을 떠났지만, 마지막까지 남편으로 기억해 주고 떠나서 행복했습니다. 기억해 주면 행복합니다.

우리는 어떤가요? 하나님은 한 번도 나를 잊으신 적이 없는데, 나는 혹시 잊고 살지는 않는지요?

하나님 한 번도 나를 잊어버린 적 없으시고
언제나 공평과 은혜로 나를 이끄시네.

오, 신실하신 주.
오, 신실하신 주.
내 너를 떠나지도 않으리라.

내 너를 버리지도 않으리라 약속하셨던 주님,
그 약속을 지키사 이후로도
영원토록 나를 지키시리라 확신하네.

- 최용덕 〈하나님 한 번도 나를〉

✴ 천사가 놓고 간 것

고3 무렵, 성탄절 아침이었습니다. 오전 10시 30분쯤에 성탄 예배를 드리기 위해서 가족이 다 집을 나서려는 순간, 마당으로 '거지' 한 사람이 들어왔습니다. 정말 누더기를 입은 사람이 들어오더니 밥을 달라는 것입니다.

어머니께서 교회 가던 걸음을 돌이켜 부엌에 들어가서 밥상을 차려 주셨습니다. 밥 잘 먹여 보내고, 교회는 조금 늦게 도착하여 성탄 예배를 드렸습니다. 예배를 드리는 내내 고민이 되었습니다.

'어떻게 성탄절 아침에, 그것도 골목 안쪽에 있던 우리 집에 거지가 찾아와 밥을 달라는 일이 있을 수 있을까? 이건 분명히 천사가 거지로 가장해서 찾아온 걸 거야. 분명히 금

덩어리라도 두고 갔을 거야.'

돌아와서 집을 뒤지기 시작했습니다. 그러나 금덩어리는
없었습니다.

세월이 흘러 그 생각이 나서 어머니께 그때 일을 기억하
시는지 여쭤봤습니다. 어머니는 잘 기억하고 계셨습니다.
그리고 저보다 3살 어린 여동생도 그때 일을 생생히 기억
하면서 가끔 어머니에게 묻는다고 합니다. 그날 어떻게 거
지에게 밥을 차려 주셨냐고 하면서 말이지요.

성탄절 아침에 찾아온 거지는 지금도 분명히 '천사'라고
믿고 있습니다. 비록 저의 기대처럼 금덩어리를 놓고 가지
는 않았지만, 지나고 보니 그 천사는 금덩어리보다 더 귀한
보물을 놓고 갔습니다.

저는 지금 목사가 되어 교회를 섬기고 있고, 제 여동생은
사회복지사가 되어 장애인들을 섬기고 있습니다. 저희 어
머니께서는 10년 전 파킨슨병 진단을 받으셨지만, 지금까
지 건강하게 잘 지내고 계십니다.

성탄절 아침, 하나님께서 천사를 통해 저희 집에 보내신 것은 '은혜'였습니다. 천사는 고작 금덩어리 정도를 놓고 가지 않습니다. 천사는 그 무엇과도 바꿀 수 없는 하나님의 '은혜'를 놓고 갑니다.

눅 1:30

천사가 이르되 마리아여 무서워하지 말라
네가 하나님께 은혜를 입었느니라

🌼 또 하나의 은혜

코로나에 걸리고, 생활치료센터에 입소한 지 이틀 후부터 40℃의 고열과 기침에 시달렸습니다. 제발 병원으로 보내 달라고 간호사에게 애원했지만, 중증이 아니면 갈 수 없다고 하면서 5일 내내 타이레놀만 주었습니다. 방치된 5일 동안 몸 안에서는 폐렴이 점점 악화되고 있었습니다. 고열이 지속되자 결국, 7일째가 되어서야 다시 엑스레이를 찍어 보더니 급하게 병원으로 이송했습니다. 치료를 받으며 이대로 죽을 수도 있겠다는 생각이 들었습니다. 가족도 못 보고 죽을 수도 있겠다는 생각에 유언을 적어 두었습니다.

극적으로 몸은 회복되어 갔습니다. 지금껏 경험하지 못한 다른 모습의 하나님을 만났습니다. 모든 걸 내려놓고 하나님께서 무엇을 하라고 하시든 순종하겠다고 재헌신을 했습니다. 가족에게 만일 하나님께서 내게 무엇을 하라고 하시든 지금까지의 삶을 다 내려놓아도 되겠는지 가족 단톡방에 물었습니다.

아내는
"여보, 그동안 수고했어. 몸만 잘 추스르고 나와요. 사랑해요."

아들은
"그간 가족과 교회를 위해 고생 많으셨습니다. 어떤 선택을 하시든 저는 아버지를 존중하고, 제가 존경하는 분이 제 아버지란 사실은 변하지 않을 겁니다. 사랑합니다, 아버지."

딸은
"아빠, 감사해요. 지금까지 그래 왔듯 아빠의 모든 선택을 응원하고 존중해요. 가족을 위한 아빠의 희생 덕분에 우린 충분히 행복했어요. 너무 멋지고 든든한 우리 아빠 지금까지 너무 수고 많으셨어요. 앞으로 어떤 변화가 찾아와도 우리 가족에게 아빠의 의미는 절대 변하지 않아요. 세상에

서 제일 사랑하는 우리 아빠! 제가 바라는 건 얼른 건강히
돌아오시는 것뿐이에요. 사랑해요."

  하나님께 받은 큰 은혜가 있습니다. 구원받음이 말할 수
없는 큰 은혜지요. 그런데 또 있습니다. 가족입니다. 가족
은 하나님이 주신 또 하나의 큰 은혜입니다.

시 107:41

궁핍한 자는 그의 고통으로부터 건져 주시고
그의 가족을 양 떼 같이 지켜 주시나니

☀ 자녀 된 우리

　미국 남북전쟁 당시에 클리블랜드라는 도시에 큰 부자가 살았습니다. 그의 외아들 '찰리'가 전쟁에 나가 '게티스버그 전투'에서 전사했습니다. 전쟁이 끝난 후, 한 청년이 그 부자에게 찾아왔습니다. 그리고 자기가 당신 아들 '찰리'의 동료로서 그가 부상당했을 때 옆을 지켰고, 그를 살리려 애를 썼지만 끝내 죽었다고 말했습니다. 그 부자는 이 청년의 말을 듣고는 찾아와 주어 고맙다고 여비를 주었습니다. 이 청년은 편지 한 장을 전해 준 뒤 뒤돌아 나갔습니다.

　"찰리가 죽기 전에 아버지에게 편지 한 장을 남겼습니다."

　그 편지에는 피가 묻어 있었고, 아들의 서명이 적혀 있었

열 세기 전에 일어나세요

습니다. 내용 중에는 이 편지를 전해 준 친구가 부상당한 나를 버려두지 않고 극진히 간호하였으니, 자기 대신 이 친구를 아들같이 여기고 호의를 베풀어 달라고 적혀 있었습니다. 아버지는 얼른 쫓아나가서 길을 떠난 그 청년을 다시 붙들었습니다. 그리고는 방금까지의 태도와는 완전히 다르게 그 청년을 극진히 대접하고 큰돈을 후사하였습니다.

우리가 예수의 이름을 하나님 앞에 부르는 것은 이와 같습니다. 우리가 예수님의 이름을 부르면, 하나님께서 아들이신 예수님을 대하심과 같이 우리를 대우해 주시는 것입니다.

엡 3:6

복음으로 말미암아
그리스도 예수 안에서
함께 상속자가 되고
함께 지체가 되고
함께 약속에 참여하는 자가 됨이라

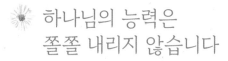

하나님의 능력은
쫄쫄 내리지 않습니다

부교역자 전도사로 부임한 교회의 사택은 조립식 패널로 지어진 열악한 집이었습니다. 그래도 아내와 돌 지난 아들 세 식구가 살 거처가 있다는 것만으로도 감사하고 좋았습니다. 단 하나 아쉬웠던 점이 주방 싱크대 수도꼭지에서 물이 쫄쫄 나오는 것이었습니다. 아내가 식사를 준비하거나 설거지를 할 때면 물이 늘 약하게 나와서 더디고 불편했습니다.

어느 날 전임으로 사역했던 분이 사택을 방문했습니다. 사택에 불편한 점은 없냐고 물어보기에 대답했습니다.

"싱크대에 물이 쫄쫄 나와서 불편하네요."

열 세기 전에 일어나세요

그러자 "아~참!" 하며 수도꼭지 앞에 달린 거름망에 차 있는 모래를 털어 내는 겁니다.

"여기 수도에 모래가 끼는데 가끔 이걸 청소해 주셔야 해요."

그런 후에 수도를 틀었더니 물이 콸콸 나오는 겁니다. 가끔 거름망을 청소해 줘야 한다는 것을 몰랐다면 "여기는 원래 물이 쫄쫄 나오는구나." 하고 불편하게 살았을 것입니다.

하나님과 우리와의 관계도 마찬가지가 아닐까요? 하나님의 능력은 우리에게 쫄쫄 내리는 물과 같지 않습니다.

엡 1:17-19 우리 주 예수 그리스도의 하나님, 영광의 아버지께서 지혜와 계시의 영을 너희에게 주사 하나님을 알게 하시고 너희 마음의 눈을 밝히사 그의 부르심의 소망이 무엇이며 성도 안에서 그 기업의 영광의 풍성함이 무엇이며 그의 힘의 위력으로 역사하심을 따라 믿는 우리에게 베푸신 능력의 지극히 크심이 어떠한 것을 너희로 알게 하시기를 구하노라 하나님은 우리에게 콸콸 쏟아지는 물처럼 풍성한 능력을 주시는 분이십니다. 그러므로 우리는 하나님과 우리와의 관계를 늘 점검해야 합니다. 얼마나 하나님과 잘 연결되어 있는지, 끼어 있는 찌꺼기는 없는지 말입니다.

사 59:2

오직 너희 죄악이 너희와
너희 하나님 사이를 갈라 놓았고
너희 죄가 그의 얼굴을 가리어서
너희에게서 듣지 않으시게 함이니라

\#

기

도

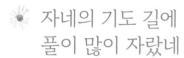# 자네의 기도 길에
풀이 많이 자랐네

아프리카의 한 부족에게 선교사가 들어갔습니다. 그 부족은 예수 그리스도를 영접하고 복음화가 되었습니다. 부족 사람들은 숲속에 각자 자기의 기도 자리를 만들고 그곳에서 매일 하나님께 기도하기 시작했습니다. 자기 집에서부터 기도의 자리까지 항상 같은 길을 따라가다 보니 자연스럽게 각자의 기도 자리로 가는 길이 나기 시작했습니다. 선교사는 그 길의 이름을 'Prayer Path(기도 길)'라고 이름을 붙여 주었습니다.

세월이 흘러 선교사가 그 부족을 떠나야 할 때가 되었습니다. 떠나면서 항상 기도의 자리를 찾아 기도하라고 당부했습니다. 부족 사람들은 선교사의 당부대로 매일 두 번씩 기도의 자리를 지켰습니다. 그런데 이따금 누군가의 기도 길에 풀이 자라는 것을 발견하게 됩니다. 그 사람이 오랜 시간 기도의 자리로 나가지 않았다는 뜻입니다. 몇몇 친구가 그 사람의 집으로 찾아가 이렇게 권면한다고 합니다.

"자네의 기도 길에 풀이 많이 자랐네."

권면했는데도 여전히 그 사람의 기도 길에 풀이 더 자라고 있으면, 친구들은 그의 기도의 길을 따라가서 그 사람의 자리에서도 대신 기도하고 돌아온다고 합니다. 그 사람이 다시 기도하러 나왔을 때, 자신의 기도 길을 잃어버리지 않게 하기 위해서입니다.

오늘 나에게 이렇게 물어보는 건 어떨까요?

"요즘 당신의 기도 길은 어떻습니까?"

골 4:2

기도를 계속하고
기도에 감사함으로
깨어 있으라

☀ 구멍 난 방석

조지 뮬러가 3,000명의 고아를 한 번도 굶기지 않고 먹였다는 것에 놀란 친구가 비결을 물었습니다. 그때 조지 뮬러가 친구를 기도실로 데리고 가더니 늘 기도하는 자리의 방석을 보여 주었습니다. 얼마나 기도를 했던지 방석에는 무릎이 닿는 곳에 구멍이 두 개가 나 있었습니다. 조지 뮬러는 그 구멍을 가리키며 말했습니다.

"이 구멍이 고아들을 먹일 돈이 나오는 구멍이라네."

저는 그 부분을 읽으며 가슴이 뭉클해졌습니다. '그렇구나! 기도로 구멍 뚫린 방석에서 응답이 나오는구나!' 그날부터 저는 강단에서 기도할 때마다 제 기도 방석에 연신 무릎을 비벼 댔습니다. 하지만 목사의 기도 방석이라고 어떤 분이 얼마나 좋은 비단 방석을 갖다 두셨던지 아무리 비벼도 구멍은커녕, 닳지도 않았습니다.

훗날 깨달았습니다. 세월이 흘러도 여전히 방석은 멀쩡했지만, 하나님께서 응답해 주신 기도로 살아왔다는 것을 말입니다.

렘 33:3

너는 내게 부르짖으라
내가 네게 응답하겠고
네가 알지 못하는
크고 은밀한 일을 네게 보이리라

☀ 하나님이 스펙입니다

대관령에서 목회할 때, 한 청년이 있었습니다. 내세울 만한 스펙은 그다지 없는 청년이었지만, 누구보다 하나님을 열심히 믿었습니다. 교회 일도 도맡아 했습니다. 대단한 학벌 없다고, 돈 없다고 낙심하지 않았습니다. 하나님을 믿으며 묵묵히 열심히 살았습니다.

어느 날 그 청년이 제게 개업 예배를 드리고 싶다는 겁니다.

"대관령 양떼 목장 앞 주차장으로 와 주세요, 목사님!"

주차장에 도착하고, 깜짝 놀랐습니다. 그 청년이 커다란 양으로 만들어진 푸드트럭 앞에 서 있는 게 아닙니까. 낡은 중고 미니 승합차 한 대를 사서 차에다 몽실몽실한 털을 입

히고, 차 뒤에 꼬리도 달았습니다. 차 앞면에는 눈과 코를 붙였습니다. 마치 커다란 양처럼 보이도록 차를 꾸민 것입니다.

그리고 옆문을 열어서 관광객들에게 커피를 팔았습니다. 이미 그곳엔 커피나 어묵을 판매하는 노점상들이 많이 있었지만, 이 청년의 양 카페가 제일 인기가 많았습니다. 어떻게 이런 아이디어를 생각했냐고 물으니 이렇게 대답하더군요.

"어떤 장사를 해야 할지 알게 해 달라고 기도하던 중에, 목사님께서 교회 마당에 잔디를 깔고 양을 풀어놓은 것을 성도님들이 좋아하던 모습을 보고 아이디어를 얻었습니다."

어쩌면 세상의 기준으로는 부족함이 많은 청년일 수 있습니다. 하지만, 그런 자신의 처지에 낙심하지 않았습니다. 끊임없이 시도하였습니다. 기도하면서 걷고, 기도하면서 뛰더니, 결국엔 날았습니다.

사 40:31

오직 여호와를 앙망하는 자는 새 힘을 얻으리니
독수리가 날개치며 올라감 같을 것이요
달음박질하여도 곤비하지 아니하겠고
걸어가도 피곤하지 아니하리로다

☀ 기도밖에 없습니다

어떤 목사님이 한 도시에 교회를 개척했습니다. 그곳은 너무나 타락한 도시였기에 개척교회 목사가 혼자 전도하기가 힘들었습니다. 목사님은 기도하기 시작했습니다.

"하나님, 이 도시야말로 추수할 영혼이 많은 곳입니다. 추수할 일꾼이 너무 부족합니다. 보내 주세요."

얼마 후 놀라운 일이 일어났습니다. 세계적인 선교단체 본부가 그 도시로 이전해 온 것입니다. 그 본부 직원 선교사들이 그 교회에 등록하여 동역자가 되어 주었습니다. 그 도시에서 선교 대회가 열리면서 전 세계 선교사들이 함께 모여 예배하고 기도하는 곳이 되었습니다. 하나님 나라의 일은 오직 기도로 됩니다. 도시의 복음화는 그 도시를 장악하고 있는 악한 영이 쫓겨나야 합니다. 그 방법은 기도밖에 없습니다.

막 9:29

이르시되 기도 외에 다른 것으로는
이런 종류가 나갈 수 없느니라 하시니라

☀ 신령함의 비결

 한 젊은 엄마가 전도를 받고 교회에 등록했습니다. 하루는 아침 8시쯤 되었는데, 그 성도님이 걱정스러운 목소리로 전화를 걸어 왔습니다.

 "목사님! 저희 아이가 밤새도록 몸에 벌레가 기어 다닌다고 하면서 울고, 경기(驚氣)도 했어요. 아침에 병원 가기 전에 먼저 목사님께 기도를 받고 싶은데 가도 될까요?"

 그래서 오시라고 했지요. 그런데 그때부터 걱정되는 겁니다. 이제 갓 담임 목회를 시작한 목회 초년병이었을 때인지라 그런 일로 기도해 본 경험이 없어서 오면 뭘 어떻게 기도해 주어야 할지 모르겠는 겁니다.

열 세기 전에 일어나세요

일단 강단으로 올라갔습니다.

"하나님! 그 성도님과 아이가 밤새 얼마나 힘들었겠습니까? 있지도 않은 벌레가 기어 다닌다고 경기를 하는 아이를 위해서 제가 무엇을 어떻게 해야 합니까?"

기도하는 중에 갑자기 한 사람이 떠올랐습니다. 알고 지내던 상담심리학과 교수님 얼굴이었어요. 얼른 전화를 걸었습니다. 교수님은 껄껄 웃으며 말했습니다.

"목사님! 그 아이가 오면 안수기도를 해 주시고, 어디에 벌레가 기어 다니냐고 물어보세요. 그리고 벌레 잡는 시늉을 아이 앞에서 꼭 해 주세요."

통화를 마치고 얼마 지나지 않아, 그 성도님이 아이를 데리고 왔습니다. 아이는 벌레가 기어 다닌다며 울고 몸부림을 쳤습니다. 그 교수님이 시킨 대로 머리에 손을 얹고 안수기도를 하고는 벌레 잡는 시늉을 했습니다.

"벌레가 있어서 무서웠구나! 목사님이 벌레 잡아 줄게!

어디 있어? 어! 여기 있구나! 에잇!"

그리고는 벌레를 잡아서 던지는 시늉을 했습니다. 그렇게 했더니 그제야 아이 얼굴이 화색이 도는 겁니다. 그렇게 몇 번을 했더니 아이는 벌레가 도망갔다고 하면서 좋아합니다. 있지도 않은 벌레를 무섭다고 하는 아이를 밤새 어르고 달래며 엄마는 겁이 많이 났었다고 합니다.

이럴 때는 어느 병원으로 가야 할지 막막하고, 아이를 달래다 지쳐 "아니, 도대체 벌레가 어디 있다고 그래?" 하면서 아이와 함께 울기도 하다가 지푸라기 잡는 심정으로 교회에 왔다는 겁니다. 성도님은 거듭 기도해 주셔서 감사하다고 하면서 아이와 바로 집으로 돌아갔습니다. 이후로 아이도 별일 없이 잘 지내고 있었습니다.

얼마 후, 교회에 이상한 소문이 나기 시작했습니다. 제가 신령하다는 소문이 퍼진 것이지요. 알고 보니 그 성도님이 구역예배 시간에 그 일을 간증하면서 목사님이 아주 신령하신 분이라고 했다는 겁니다. 제가 한 건 하나님께 간절히 기도하고, 벌레 잡는 시늉을 잘한 것뿐인데 말입니다.

열 세기 전에 일어나세요

눅 1:66

듣는 사람이 다 이 말을 마음에 두며 이르되

이 아이가 장차 어찌 될까 하니

이는 주의 손이 그와 함께 하심이러라

❋ 하늘이 열리는 기도

2012년이었습니다. 속초시는 매년 8월 '음악대향연'이라는 큰 음악 축제를 엽니다. 넓은 광장에 대형 무대를 만들고는 첫째 날은 아이돌 가수, 둘째 날은 트로트 가수, 셋째 날은 록 가수들을 초청해서 공연합니다. 십 대 아이들은 3일 전부터 자리를 잡으려고 기다립니다.

엄청난 비용을 들여서 만든 무대인데, 철거되기 전에 하루 무대를 빌려서 기독교인들이 모여 찬양 축제를 했으면 좋겠다는 마음이 모였습니다. 얼마나 열심히 준비했는지 모릅니다. 심지어 군부대에서 탱크와 비행기를 전시하고, 유명한 복음성가 가수들이 총출동하는 기독교 찬양 페스티벌을 준비했습니다. 그런데 당일 아침부터 비가 쏟아지기 시작하는데 정말 말 그대로 억수 같은 비가 쏟아지는 겁니

열 세기 전에 일어나세요

다. 오랜 시간 기대하며 준비한 행사인 만큼, 하늘이 뚫린 듯 쏟아지는 큰비에 모두가 망연자실했습니다. 저녁이 되면 곧 집회는 시작될 텐데, 오후에도 줄기차게 쏟아지는 장대비는 그칠 줄을 몰랐습니다. 찬양 축제가 열리는 광장에 나가 쏟아지는 비를 맞으며 기도했습니다.

"하나님! 삼척, 태백, 동해, 강릉, 속초, 고성까지 영동지역 전 기독교인이 모이는 집회입니다. 수십억을 들여 세상 노래를 부르는 이 광장에 하나님을 찬양하는 예배를 드리려고 합니다. 이 비를 그쳐 주십시오."

그렇게 기도를 했지만, 여전히 비는 그칠 줄 몰랐습니다. 행사는 강행해야 했습니다. 그런데 놀라운 일이 벌어졌습니다. 비가 많이 와서 안 모일 줄 알았던 축제에 각처에서 기독교인들이 모여들기 시작하는데 순식간에 일만 석이나 되는 자리가 가득 차는 겁니다. 그리고 더 놀라운 것은 집회가 시작할 무렵 강한 바람이 불기 시작하더니 하늘에 정확하게 광장 위에만 먹구름 사이로 하늘이 열리기 시작하는 것입니다.

너무나 놀라운 광경에 그 자리에 있던 성도들은 탄성을 지르며 "아멘!", "할렐루야!"를 외치며 두 손을 올렸습니다.

하늘에는 무지개가 뜨고, 광장 위에는 마치 구멍이라도 뚫은 것처럼 구름이 열리는 광경이 나타났습니다.

▌ 당시 현장에서 촬영한 하늘 모습

교회마다 집회에 참석을 준비하고 있었기 때문에 간절히 기도했더니 이런 기적을 보여 주셨다는 이야기가 여기저기서 터져 나왔습니다.

기도는 하늘의 문을 엽니다.

열 세기 전에 일어나세요

마 16:19

내가 천국 열쇠를 네게 주리니
네가 땅에서 무엇이든지 매면
하늘에서도 매일 것이요
네가 땅에서 무엇이든지 풀면
하늘에서도 풀리리라 하시고

☀ 훌륭한 일

오래전부터 중보기도 노트를 여러 권 사용하였습니다. 딸아이가 초등학교 다닐 때 저의 기도 노트를 보았습니다. 그리고 물었습니다.

"아빠, 이게 뭐예요?"
"응, 아빠가 기도하는 사람들의 기도 제목이란다."

그러자 딸이 깜짝 놀라며 말하는 겁니다.

"아빠! 아빠가 그분들을 위해서 이렇게 기도해 주는 것 다 알아요?"
"글쎄, 모를걸?"

그때 잊지 못할 말을 아이가 해 주었습니다.

"우리 아빠 참 훌륭하다."

그 말에 평생 하는 중보기도가 참으로 훌륭한 일이라는 분명한 자부심을 얻었습니다. 지금도 중보기도는 훌륭한 사역이라는 확신으로 기도하고 있습니다.

누군가 널 위하여 누군가 기도하네.
내가 홀로 외로워서 마음이 무너질 때
누군가 널 위해 기도하네.

–Martin Lanny Wolfe 〈누군가 널 위해 기도하네〉

✺ 임마누엘의 하나님

처음으로 중국 선교지를 방문했을 때입니다. 그 교회는 비공식적인 가정 교회였습니다. 선교지를 방문해 보신 분들은 압니다. 신앙의 핍박 속에 믿음을 지키는 성도들의 모습을 말입니다. 그들의 인내와 믿음 앞에 감동하고 우리의 신앙이 부끄러워집니다. 주머니에 무엇 하나라도 남김없이 다 드리고 와도 아깝지 않은 뜨거운 마음이 올라옵니다.

그 교회는 교회 강단 위에 한자로 글씨가 적혀 있었습니다.

"이마내리(以馬內利)"

처음에 무슨 뜻인지 몰랐습니다. 한참 후에야 '임마누엘'을 한자 음으로 표기한 것이라는 사실을 알았습니다. 공산

당의 핍박, 공안의 감시를 피해 믿음을 지키는 그들이 두려움을 극복할 수 있는 비결은 '이마내리'의 신앙이었습니다. '임마누엘', 즉 '하나님께서 우리와 함께하신다'는 그 믿음 말입니다.

그곳을 다녀오고 나서 일 년 후, 그들은 공안에 발각이 되었고 어린아이들까지 모두 체포되어 구금되었습니다. 추방당한 선교사는 초라한 모습으로 찾아와 울먹이며 연신 죄송하다고 하였습니다. 교인들은 공안에 체포되며 선교사에게 말했다고 합니다.

"선교사님, 걱정하지 마세요. 임마누엘의 하나님이 함께 계시잖아요."

선교사는 외국인이어서 추방만 당하고 끝이 나지만, 현지의 성도들은 공안에 끌려가 어떻게 될지 모르는데도 오히려 그렇게 선교사를 위로하고 격려했다고 합니다.

만일 우리에게 '임마누엘'의 이름을 주시지 않았다면 어땠을까요? 지금보다 훨씬 더 두려움에 싸여 극복하지 못했을 것입니다. 그러나 우리와 함께하시는 하나님, '임마누엘'의 이름을 주셨기에 그 이름이 오늘 우리가 겪는 두려움 속에서도 함께하고 계십니다. 그 이름이 결국 우리를 절망하지 않고, 일어나 승리하게 하십니다.

마 1:23

보라 처녀가 잉태하여 아들을 낳을 것이요
그의 이름은 임마누엘이라 하리라 하셨으니
이를 번역한즉
하나님이 우리와 함께 계시다 함이라

사명

❋ 같은 강에 사는 사람

인터넷 검색을 하다가 우연히 어떤 목사님이 운영하는 블로그를 보게 되었습니다. 수원에 있는 낯선 장로교회인데, 그 블로그를 운영하는 목사님의 이름과 얼굴이 신기하게도 전혀 낯설지가 않은 겁니다. '누구시지? 이분을 어디서 봤을까?' 한참 기억을 더듬다 보니, 한 사람이 떠올랐습니다.

처음 목회를 할 때 같은 동네에 교회를 개척했던 목사님이셨습니다. 그 동네에는 신축 아파트 단지를 둘러싸고 7개의 교회가 개척되어 들어왔습니다. 그중에서 유일하게 아파트 상가에 개척하여 들어선 교회가 있었습니다. 교회 이름은 '소명교회', 이 교회 목사님은 그 일곱 개의 개척교회 목사들 중에 가장 열심히 전도하는 분이었습니다. 그분은 마주칠 때마다 늘 아파트 단지를 돌면서 집마다 전도하

열 세기 전에 일어나세요

고 계셨습니다. 발이 닳도록 전도하며 그 교회 교인들이 늘어가는 모습은 저에게 엄청난 부담으로 다가왔습니다.

이제 와서 생각해 보니 그분은 당시 저에게 '라이벌'이었던 셈이지요. 제가 얼마나 부담이 되었던지, 토요일 밤 11시에 몰래 그 교회에 들어가서 주보도 보고, 게시판도 둘러보면서 염탐을 한 적도 있습니다. 그러다 그 목사님 부부와 저희 부부가 친해져서 같이 식사도 하는 사이가 되었고 나중에는 두 교회가 연합으로 부흥회를 하기도 했습니다.

언젠가 그 목사님께 "실은 토요일 밤에 몰래 소명교회에 가서 염탐한 적도 있습니다."라고 이실직고를 하니, 그 목사님도 "사실 저도 그 시간에 동신교회가 가서 염탐했어요."라고 해서 같이 웃었습니다.

시간이 흘러 그분도 저도 모두 그 도시를 떠나게 되었지요. 20년 가까이 연락 없이 지내다 보니 얼굴과 이름도 잊어버렸는데, 우연히 들어가게 된 그 목사님의 블로그에 있던 전화번호로 연락하니 그분과 통화가 되었습니다. 30대 초반에 헤어져 50대가 되어 20여 년 만에 서로 연락이 닿은 것이지요. 이런저런 이야기를 나누다가 제가 그랬습니다.

"목사님, 그때 정말 열심히 전도하셨지요? 제가 목사님 때문에 얼마나 부담스러웠는지 모릅니다. 지나고 보니 저는 목사님 덕분에 그때 열심히 전도하고 목회할 수 있었던 것 같습니다."

그러자 목사님이 대답하셨습니다.

"저는 그때 목사님이 얼마나 부러웠는지 모릅니다. 어떻게 해서든지 나도 저 목사님처럼 목회하고 싶다는 생각에 그렇게 열심히 전도한 겁니다. 저도 목사님 덕분에 더 열심히 할 수 있었던 거지요."

'라이벌'이라는 말은 '리버(River)', '강'이라는 말에서 나왔다고 합니다. 같은 강에 사는 사람만이 라이벌이 될 수 있다는 뜻입니다. 만일 아사다 마오가 피겨 선수가 아니었다면 결코 김연아의 라이벌이 될 수는 없는 것처럼 말이지요. '라이벌'은 어떤 의미일까요? 우선 그 존재만으로도 엄청난 부담과 괴로움이 있습니다. 하지만 세월이 흐르면 알게 되지요. 라이벌 덕분에 내가 열심히 하고, 더 성장할 수 있었다는 사실을 말입니다.

고전 3:6-7

나는 심었고 아볼로는 물을 주었으되
오직 하나님께서 자라나게 하셨나니
그런즉 심는 이나 물 주는 이는 아무 것도 아니로되
오직 자라게 하시는 이는 하나님뿐이니라

☀ 하나님이 물으시는 세 가지

탈무드에는 우리가 세상을 살다가 천국에 가게 되면 하나님께서 물으시는 세 가지가 있다고 합니다. 이것을 히브리어로 '키스', '코스', '카스'라고 합니다.

첫째, 키스는 주머니라는 뜻입니다.

"너는 세상 사는 동안 주머니에 얼마나 많이 넣었느냐? 그리고 그 주머니에서 얼마나 많이 꺼내서 나누어 주어 사람들을 배부르게 해 주었느냐?"라고 물으신다는 겁니다.

둘째, 코스는 잔이라는 뜻입니다.

"너는 잔에서 얼마나 많이 마시며 즐거워하고 살았느냐? 그리고 그 잔에 얼마나 많이 부어 주어 사람들을 즐겁게 해 주었느냐?"라고 물으신다는 겁니다.

셋째, 카스는 분노라는 뜻입니다.

"너는 평생 분노하며 살았느냐? 너는 다른 사람들에게 분노를 일으키며 살았느냐?"라고 물으신다는 것입니다.

중요한 것은 이 세상의 삶에 대한 물음이 있다는 것이요, 우리는 그 대답을 해야 한다는 것입니다.

미 6:8

사람아 주께서 선한 것이 무엇임을 네게 보이셨나니
여호와께서 네게 구하시는 것은
오직 정의를 행하며 인자를 사랑하며 겸손하게
네 하나님과 함께 행하는 것이 아니냐

☀ 연탄의 사명

연탄은 3대 사명이 있다고 합니다.

첫째 사명은 "활활 타올라라."
최대 12시간 동안 활활 잘 타야 합니다. 그래서 추운 방을 따뜻하게 데워 주어야 합니다.

연탄의 둘째 사명은 "다음 연탄에 불을 붙여 주어라."
다음 연탄에 불을 붙여 주지 못하고 꺼져 버리면 번개탄을 피워야 하는 부가 비용과 번거로움이 들어갑니다.

연탄의 셋째 사명은 "빙판길에 뿌려져라."
겨울 빙판길에 연탄재를 뿌려 주면 사람들이 미끄러져 넘어지지 않습니다.

열 세기 전에 일어나세요

만약 이 이야기에 공감되셨다면 당신은 연탄 세대입니다.

이 이야기는 단순히 연탄의 효용만을 말하고 있는 것은 아닙니다. 사람도 이와 같아야 한다는 교훈을 우리에게 줍니다.

젊은 날에는 왕성하게 활동하며 연탄처럼 활활 타올라야 합니다. 은퇴할 때는 다음 사람이 왕성하게 활동할 수 있도록 가진 것을 잘 물려주어 불을 붙여 주고 물러나야 합니다. 노년에는 사람들이 미끄러지고 넘어져 다치지 않도록 지혜의 길이 되어 주어야 합니다.

행 20:24

내가 달려갈 길과 주 예수께 받은 사명
곧 하나님의 은혜의 복음을
증언하는 일을 마치려 함에는
나의 생명조차 조금도 귀한 것으로
여기지 아니하노라

☀ 귀한 것을 지킬 수 있는 마음

한 랍비가 산에 갔다가, 커다란 금덩어리를 주웠습니다. 가지고 내려오다가 구걸하는 사람을 만났습니다. '아! 이 사람에게 주라고 발견하게 하셨나 보다.' 하는 생각이 들어 그 금덩어리를 구걸하는 사람에게 주었습니다.

그리고 며칠 후, 그 구걸하던 사람이 랍비에게 찾아왔습니다.

"랍비님! 주신 금덩어리를 도로 가져가십시오."
"왜요?"
"제가 비록 구걸하며 살지만, 잠만큼은 편안하게 잘 잤습니다. 그런데 금덩어리를 주신 후부터는 이걸 지키느라 잠을 편히 잘 수가 없습니다. 그러니 가져가십시오."

열 세기 전에 일어나세요

그러고는 돌려주고 갔다고 합니다.

랍비는 돌아가는 사람의 뒷모습을 보면서 이렇게 말했습니다.

"귀한 것을 가졌다면 그것을 지킬 마음도 가지고 있어야 하는구나."

저와 여러분은 가장 귀한 믿음을 가졌습니다. 믿음은 쉽게 가질 수 있는 것이 아닙니다. 예수님을 믿는 믿음은 우리에게 구원을 줍니다.
기적을 줍니다.
축복을 줍니다.

그런데 그 귀한 믿음을 지키고자 하는 마음을 단단히 가지고 있지 못한 분들을 봅니다. 믿음을 가졌다면 지켜야 합니다. 주님 앞에 가는 그날, 주님께서 오시는 그날 우리는 그 믿음을 보여드려야 합니다.

손에 있는 부귀보다 주를 더 사랑하는가
이슬 같은 목숨보다 주를 더 사랑하는가
사랑의 빛 잃어가면 주님 만날 수 없어
헛된 영화 바라보면 사랑할 수도 없어
잠시 머물 이 세상은 헛된 것들뿐이니
주를 사랑하는 마음 금보다 더 귀하다.

– 김석균 〈금보다도 귀하다〉

✺ 당신이 빛나야 할 곳은 어디인가요?

20대 중반에 전도사로 사역하고 있을 때 저에게는 큰 고민이 하나 있었습니다. 목회 현장에 나오니 간혹 목회자 체육대회에 참석할 일이 있었는데, 저에게 선배 목사님들이 묻습니다.

"권 전도사, 운동 뭐 했어?"
"예, 저 태권도 했습니다."
"그래? 그럼 발로 하는 거 잘하겠네?"

그러고는 축구 선수로 내보냅니다. 그런데 제가 축구를 잘하지 못합니다. 그러고는 태권도를 했으니 손으로 하는 운동은 잘하겠다며 다시 배구 선수로 내보냅니다. 그런데

열 세기 전에 일어나세요

제가 배구도 잘하지 못합니다. 몇 번 기대에 못 미치다 보니 아예 선수로 불러 주지도 않고, 저한테는 주전자 심부름만 시킵니다. 다른 또래 전도사들은 운동장에서 신나게 선수로 뛰고 있고요. 그때부터 고민이 하나 생겼습니다. '어떻게 하면 축구와 배구를 배워서 선수로 뛰어 볼 수 있을까?'라고 말이지요.

그러던 차에 또 체육대회가 열리게 되었습니다. 주전자를 옆에 놓고 운동장 한쪽에 앉아 있는데, 존경하는 선배 목사님께서 제 옆에 와서 앉으셨습니다. 저는 그 선배 목사님께 푸념했습니다.

"목사님! 목회자들이 이렇게 목회 현장에 나와서 운동할 거면 신학교에서 왜 목회 축구학, 목회 배구학 이런 걸 안 가르쳐 줬나 모르겠습니다."

제 말에 그 선배 목사님이 이런 말씀을 하셨습니다.

"권 전도사! 젊으니까 운동장에서 빛나고 싶지? 그런데 말이야, 운동선수 출신이 아니고서야 목회자가 운동하는 것은 땀을 내려고 하는 것 그 이상도 이하도 아니야. 그런데도 목회자가 되어서 운동장에서 빛나려고 노력하는 순간, 그 목회자는 강단에서 땀만 삐질삐질 흘리게 된다는 걸 알아야 해.

권 전도사, 자네가 빛나야 할 곳이 어디인지 분명히 알게! 목사는 운동장에서는 땀만 흘리면 되고, 강단에서는 빛이 나야 한다네."

열 세기 전에 일어나세요

사 60:1

일어나라 빛을 발하라
이는 네 빛이 이르렀고
여호와의 영광이
네 위에 임하였음이니라

✴ 푯대를 향해

미국에서 많은 사람의 생명을 구한 구조대원이 영웅 칭호를 받게 되었습니다. 그리고 소방학교에서 강연하게 되었습니다. 강연 후, 질문 시간에 한 학생이 물었습니다.

"영웅 칭호를 받고 달라진 대우가 있다면 무엇이 있습니까?"

그러자 그는 고개를 갸우뚱거리며 이렇게 대답했습니다.

"Nothing! 아무것도 없습니다. 나는 더 나은 대우를 받기 위해서 사람들을 구조한 것이 아닙니다. 만일 더 나은 대우를 받고자 일했다면, 고작 그 대우 때문에 제 목숨을 던질 수 있었을까요? 저는 단지 많은 사람을 구조하기를

열 세기 전에 일어나세요

원했고, 그 결과로 영웅 칭호를 받았을 뿐입니다. 사사로운
욕망 때문에 일한 것이 아닙니다.

후배 여러분! 분명히 기억하십시오. 욕망만을 따라가면
목적을 결코 이룰 수 없습니다."

요 10:10

도둑이 오는 것은 도둑질하고
죽이고 멸망시키려는 것뿐이요
내가 온 것은 양으로 생명을 얻게 하고
더 풍성히 얻게 하려는 것이라

상

　초등학교 1학년 처음으로 상을 받아 왔을 때였습니다. 신나서 상장을 휘날리며 집으로 뛰어와 아버지, 어머니께 보여 드렸습니다. 상장을 보시더니 갑자기 아버지가 제 상장을 들고 어디론가 나가시는 겁니다. 저는 어리둥절했습니다. 그리고 몇 시간이 지나서 돌아오셨는데, 놀랍게도 제 상장을 검정 옻칠에 자개가 박혀 있는 액자에 맞춰 담아 오신 것입니다. 그때 제 안에는 엄청난 자존감이 생겨났습니다.

　하물며 우리가 예수님께서 재림하실 때 받을 상을 생각해 보십시오. 아버지께서 주실 상을 정말 믿고 소망한다면 우리는 그 어떤 환난과 핍박도 이겨 낼 수 있습니다.

딤후 4:7-8

나는 선한 싸움을 싸우고
나의 달려갈 길을 마치고 믿음을 지켰으니
이제 후로는 나를 위하여
의의 면류관이 예비되었으므로
주 곧 의로우신 재판장이 그 날에
내게 주실 것이며 내게만 아니라
주의 나타나심을
사모하는 모든 자에게도니라

☀ 앞에 있는 것을 잡으려고

은퇴하는 목사님을 송별하는 자리에 가면 항상 하는 질문이 있습니다.

"목사님! 한 가지 여쭙고 싶은 것이 있습니다. 만일 목사님이 지금 저라면 무엇을 하시겠습니까?"

몇 주 전에도 서울에 회의하러 갔다가 연말에 은퇴하시는 한 목사님을 만나 물었습니다.

"목사님! 만일 목사님께서 지금의 저라면 무엇을 하시겠습니까?"

그분들은 은퇴를 앞두고 당신의 목회 생활을 되돌아봤을

때, 가장 후회가 되는 그것을 먼저 하라고 대답하셨습니다.

그중에 기억에 남는 목사님이 있습니다. 그분에게도 물었습니다. 그러자 그분은 갑자기 주변에 있던 끈 하나를 집더니 탁자 위에 올렸습니다. 그리고 제게 끈의 맨 뒤에서부터 앞으로 밀어 보라고 하셨습니다. 끈은 밀리지 않고 헤매기만 했습니다. 이제 끈의 맨 앞을 당겨 보라고 하셨습니다. 맨 앞을 당겼더니 끈은 뒤까지 전체가 끌려오며 앞으로 나갈 수 있었습니다. 그리고 제게 이렇게 말씀하셨습니다.

"권 목사! 맨 앞을 당기면 나머지는 따라오지만, 맨 뒤에 있는 것을 밀면 아무것도 나가지 않는다는 것을 명심하게. 맨 앞에 있는 것을 하게."

빌 3:13-14

형제들아 나는 아직
내가 잡은 줄로 여기지 아니하고
오직 한 일 즉 뒤에 있는 것은 잊어버리고
앞에 있는 것을 잡으려고
푯대를 향하여 그리스도 예수 안에서
하나님이 위에서 부르신
부름의 상을 위하여 달려가노라

☀ 넉넉히 이기는 인생

목회의 부족함을 느끼고 좀 더 공부해야겠다는 생각이 들어 서울에 있는 대학원 상담심리학과를 다녔습니다.

강원도에서 목회하면서 서울을 오르내리며 공부하는 것이 쉽지는 않았습니다. 하지만 저는 간절하게 필요해서 공부하는 것이었기에 참 열심히 공부했습니다. 모든 학기마다 성적 장학금을 받았고, 졸업할 때까지 성적이 전부 A+로 대학원 전체 차석으로 졸업을 했습니다. 대학원장 상도 함께 받았습니다.

그때 저를 지도해 주셨던 교수님께서 저에게 너무나 소중한 격려의 말씀을 해 주셨습니다.

"권 목사님! 학교에서 100점 만점에 60점을 맞으면 졸업할 수 있다고 한다면, 60점 맞고 졸업하는 학생이 있고, 100점 맞고 졸업하는 학생이 있습니다. 그런데 어떤 학생은 문제가 100점까지 밖에 없어서 100점 맞은 거지 200점짜리 시험을 보면 200점, 300점짜리 시험을 봐도 300점 맞을 수 있는 학생이 있습니다.

졸업은 똑같아도 커트라인 졸업생이냐, 100점짜리 졸업생이냐 아니면 문제가 더 많으면 더 맞을 수 있는 무한한 가능성이 있는 학생이냐는 전혀 다른 겁니다.

권영기 목사님은 100점까지밖에 없는 시험이라서 100점을 맞은 겁니다. 만일 200점까지 있었다면 200점을 맞았을 겁니다. 원래 더 공부 안 하셔도 목회하시는 데 아무 지장이 없는데, 이렇게 강원도에서 서울을 오가며 열심히 공부하셔서서 상을 받게 되신 것 진심으로 축하드립니다.

앞으로 목회도 커트라인 목회가 아니라 넉넉히 이기는 목회자가 되시기를 바랍니다."

참 귀한 말씀이었습니다. 어쩌면 우리 모두에게도 다 적용될 수 있겠지요.

이 글을 읽고 계신 당신도 커트라인 그리스도인이 아니라, 넉넉히 이기는 그리스도인이 되시기 바랍니다.

커트라인 인생이 아니라, 넉넉히 이기는 인생이 되시기 바랍니다.

롬 8:37

그러나 이 모든 일에
우리를 사랑하시는 이로 말미암아
우리가 넉넉히 이기느니라

열 세기 전에 일어나세요

1판 1쇄 발행 2022년 6월 10일

지은이 권영기

교정 윤혜원 편집 유별리
마케팅 박가영 총괄 신선미

펴낸곳 하움출판사 **펴낸이** 문현광

이메일 haum1000@naver.com 홈페이지 haum.kr
블로그 blog.naver.com/haum1007 인스타 @haum1007

ISBN 979-11-6440-179-6 (03230)